1 ABC der Tiere
Schreiblehrgang
Druckschrift Teil B
Kompakt

Herausgegeben von
Klaus Kuhn

Erarbeitet von
Klaus Kuhn
Kerstin Mrowka-Nienstedt

Name: ______________________________

Klasse: ______________________________

Mildenberger

Inhalt Teil A

Impressum

Bestell-Nr. 1405-32 · ISBN 978-3-619-14532-4

erarbeitet von Klaus Kuhn und Kerstin Mrowka-Nienstedt nach den Ausgaben „ABC der Tiere 1 Schreiblehrgang Druckschrift“ (1405-81) von Klaus Kuhn, Kerstin Mrowka-Nienstedt und „ABC der Tiere 1 Schreiblehrgang Druckschrift Kompakt“ (1403-32) von Rosmarie Handt, Klaus Kuhn, Kerstin Mrowka-Nienstedt

Auflage 4 3 2 1
Jahr 2020 2019 2018 2017

www.mildenberger-verlag.de
E-Mail: info@mildenberger-verlag.de

Illustrationen: Heike Treiber, 79199 Kirchzarten
Ingrid Hecht, 30163 Hannover (Ankerbilder)
Achim Schulte, 44263 Dortmund (Weltkugel mit Kindern auf Umschlag und Seite 1)

Redaktion: Axel Wolber
Grafik: Mildenberger Verlag GmbH

Druck: Himmer GmbH Druckerei, 86167 Augsburg

Gedruckt auf umweltfreundlichen Papieren.

Bezugsmöglichkeiten
Alle Titel des Mildenberger Verlags erhalten Sie unter: www.mildenberger-verlag.de oder im Buchhandel. Jede Buchhandlung kann alle Titel direkt über den Mildenberger Verlag beziehen.
Ausnahmen kann es bei Titeln mit Lösungen geben: Hinweise hierzu finden Sie in unserem aktuellen Gesamtprogramm.

www.ABC-der-Tiere.de

Inhalt Teil B

Die Symbole bedeuten

 Schreibe mit zwei Farben.

1. Bearbeite die Aufgabe so wie du es kannst.

 Verbinde Silben, Wörter und Bilder.

 Über Lernen sprechen

Silbe Spure nach und schreibe mit zwei Farben.

 Ich – Du – Wir

 Schreibe mit der Schreibtabelle.*

 Klassengespräch

* Je nach Platzbedarf und Leistungsstand in den Schreiblehrgang oder das Schreibheft

Richtige Sitz- und Schreibhaltung

Sitzhaltung
Die Oberschenkel sollen waagrecht aufliegen, die Unterschenkel senkrecht stehen. Der Schüler rückt mit dem Stuhl an den Tisch. Die Unterarme liegen auf der Tischplatte auf. Der Augenabstand zur Schreibfläche soll eine doppelte Handspanne betragen.

Linkshänder

Rechtshänder

Schreibhaltung
Das Schreibgerät wird locker gefasst und zwischen Daumen, Mittelfinger und Zeigefinger gehalten. Für das Schreiben mit zwei Farben können der Wendestift oder zwei separate Stifte mit unterschiedlichen Farben eingesetzt werden.

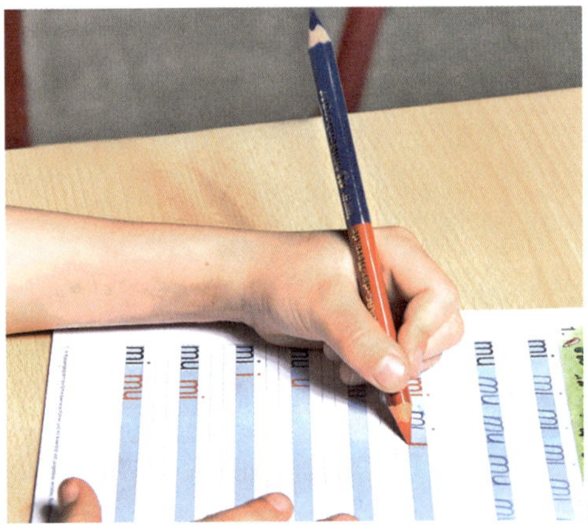

Linkshänder

Rechtshänder

Ausrichtung des Schreibheftes
Rechtshändige Kinder legen das Schreibheft nach rechts ansteigend auf die Schreibunterlage. Linkshändige Kinder legen es nach rechts abfallend auf die Schreibunterlage. In beiden Fällen ist darauf zu achten, dass das Heft langsam nach oben geschoben wird, damit der Unterarm beim Schreiben der unteren Zeilen genügend Stützfläche hat.

Linkshänder

Rechtshänder

1.

2.

Au

Au

au

au

3. 

blau

blau

braun

braun

Auto

Auto

Trauben

Trauben

- 1. Im Klassengespräch die Schreibweise des Zwielautes mit den Einspurbuchstaben einführen und mit Ankerbild und Lautgebärde vertiefen; Die Buchstaben nachspuren
- 2. Die Buchstaben nachspuren und die Reihen fortsetzen
- 3. Die Reihen fortsetzen und mit zwei Farben schreiben

Au au 

zu S. 44, 45

1. 

Auto

Auto

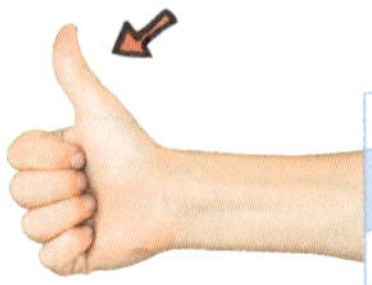

Daumen

Daumen

Maus

Maus

Taube

Taube

Schaukel

Schaukel

Baum

Baum

Schaufel

Schaufel

• 1. Nomen: Silben abstreichen, Wörter mit zwei Farben nachspuren und schreiben, die Reihen fortsetzen

1.

~~Klaus~~ | aus der Schule. | ~~kommt~~

Klaus kommt

wartet | im Auto. | ~~Sein Bruder~~

Sein Bruder

schreit | laut. | ~~Klaus~~

Klaus

blutet. | Der Daumen

•• 1. Purzelsätze ordnen, Satzteile abstreichen und mit zwei Farben nachspuren und schreiben

1.

G G G G g g g g

2.

G G G G G G G G G G G G

g g g g g g g g g g g g g g g g

3.

Gabel

Gabel

gelb

gelb

grün

grün

grau

grau

- 1. Im Klassengespräch die Schreibweise mit den Einspurbuchstaben einführen und mit Ankerbild und Lautgebärde vertiefen; Die Buchstaben nachspuren
- 2. Die Buchstaben nachspuren
- 3. Die Reihen fortsetzen und mit zwei Farben schreiben

1.

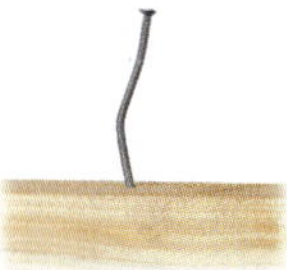

I	gel	
Na		

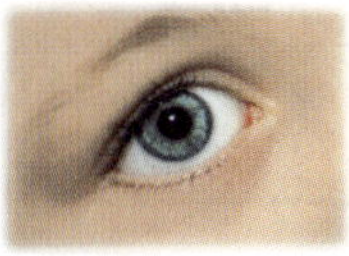

Gei	ge	
Au		

2.

 Geister

• 1. Nomen: Wörter mit zwei Farben schreiben
• 2. Nomen: Silben abstreichen und Wörter mit zwei Farben nachspuren und schreiben; Die Reihen fortsetzen

G g

zu S. 46, 47

1.

Gesa · Georg · Birgit · Papa · Mama

mag

eine Wurst. · Limonade. · Melone. · Kartoffeln. · Tomaten.

2.

Gesa mag Tomaten.

Georg mag

Birgit

Papa

Mama

•• 1. Satzteile wie im Beispiel entsprechend des Bildes zu Sätzen verbinden
•• 2. Sätze aus Aufgabe 1 mit zwei Farben nachspuren und schreiben

1.

2.

Riese Riese

Riese

Wiese

Biene

3.

•• 1. Einführung des **ie**: Dem **i** folgt immer das stumme **e** im Doppelzimmer.
Merksatz: „Hier ist das dünne **i** allein, das stumme **e** muss bei ihm sein."

•• 2. Bildwörter in Häuschen und Lineatur mit zwei Farben nachspuren und schreiben; Die Reihen fortsetzen

•• 3. Sich mit einem Partner über die ie-Schreibbewegung unterhalten

1.

Tiere

Wiege

sieben

liegen

lieben

•• 1. Bildwörter in Häuschen und Lineatur mit zwei Farben nachspuren und schreiben; Die Reihen fortsetzen

1.

2.

Ö ö

Ö ö

Kröte

Kröte

Öl

Öl

3. Simsalabim, aus 1 werden 2.

Frosch o

ö Frösche

Rock o

ö

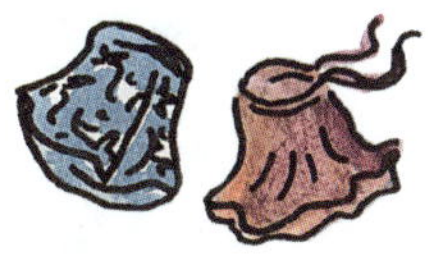

Korb o

ö

- 1. Im Klassengespräch die Schreibweise mit den Einspurbuchstaben einführen und mit Ankerbild vertiefen; Die Buchstaben nachspuren
- 2. Die Buchstaben nachspuren und schreiben, die Reihen fortsetzen und mit zwei Farben schreiben
- •• 3. Nomen nachspuren, Verkleinerungsform bilden und mit zwei Farben schreiben

1.

~~Rieke~~ im Bett. ~~liegt~~

Rieke liegt

fliegen. kann ~~Sie~~

Sie

landet ~~Sie~~ auf einer Wiese.

Sie

riesige Tiere. sind Dort

•• 1. Purzelsätze ordnen, Satzteile abstreichen und mit zwei Farben nachspuren und schreiben

zu S. 50, 51

1.

P P P P p p p p

2.

3.

Papa

Papa

Puppe

Puppe

Papagei

Papagei

- 1. Im Klassengespräch die Schreibweise mit den Einspurbuchstaben einführen und mit Ankerbild und Lautgebärde vertiefen; Die Buchstaben nachspuren
- 2. Die Buchstaben nachspuren
- 3. Die Reihen fortsetzen und Wörter mit zwei Farben schreiben

Pf pf

zu S. 50, 51

1.

Pf

Pf

pf

pf

2.

Pfau

- 1. Im Klassengespräch die Schreibweise des Digraph mit Ankerbild vertiefen, die Reihen nachspuren und fortsetzen
- 2. Nomen: Wort nachspuren, Silben abstreichen, Wörter mit zwei Farben schreiben und die Reihen fortsetzen

P p  Pf pf 

zu S. 50, 51

1.

Der Pannenhelfer		pfeifen.
Paula		knüpfen.
Papa	will	hüpfen.
Mama		köpfen.
Peter		klopfen.

2.

Der Pannenhelfer will klopfen.

Paula will

Papa

Mama

Peter

•• 1. Satzteile wie im Beispiel entsprechend des Bildes zu Sätzen verbinden
•• 2. Sätze aus Aufgabe 1 mit zwei Farben nachspuren und schreiben

H h 

zu S. 52, 53

1.

H H H H h h h h

2.

H H H H H H H H H H H H H

h h h h h h h h h h h h h h h h h h

3.

Hase

Hase

Hose

Hose

helfen

helfen

- 1. Im Klassengespräch die Schreibweise mit den Einspurbuchstaben einführen und mit Ankerbild und Lautgebärde vertiefen; Die Buchstaben nachspuren
- 2. Die Buchstaben nachspuren
- 3. Die Reihen fortsetzen und mit zwei Farben schreiben

1.

ß ß ß ß ß ß ß ß

2.

ß ß ß ß ß ß ß ß ß ß ß ß ß ß ß

3.

groß
groß

heiß
heiß

weiß
weiß

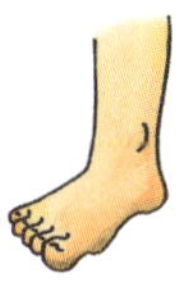
Fuß
Fuß

- 1. Im Klassengespräch die Schreibweise mit dem Einspurbuchstaben einführen; Die Buchstaben nachspuren
- 2. Die Buchstaben nachspuren
- 3. Die Reihen fortsetzen

H h 

1.

Der Hase trifft	eine Wette ab.
Sie schließen	hin und her.
Sie laufen	den Taler.
Der Igel gewinnt	den Igel.

2.

Der Hase trifft den Igel.

3. Was weißt du über Hasen?

•• 1. Teilsätze wie im Beispiel entsprechend des Bildes zu Sätzen verbinden
•• 2. Sätze aus Aufgabe 1 mit zwei Farben nachspuren und schreiben
••• 3. Eigene Sätze ins Heft schreiben und ein Bild dazu malen

1.

2.

ch

ch

3.

ich

ich

dich

dich

hoch

hoch

nicht

nicht

nach

nach

durch

durch

- 1. Im Klassengespräch die Schreibweise mit den Einspurbuchstaben einführen und mit Ankerbild und Lautgebärde vertiefen; Die Buchstaben nachspuren
- 2. Die Buchstaben nachspuren und die Reihe fortsetzen
- 3. Die Reihen fortsetzen

1.

Dach

Dach

Buch

Buch

Nacht

Nacht

Licht

Licht

Woche

Woche

rechnen

rechnen

2.

ko

kochen

la

chen

su

• 1. Die Reihen fortsetzen, mit zwei Farben nachspuren und schreiben
• 2. Verben verbinden und mit zwei Farben schreiben ••• Sätze mithilfe der Schreibtabelle ins Heft schreiben

1\. in Indien. | ~~Tiger~~ | ~~leben~~

Tiger leben

haben | ein schönes Fell. | ~~Sie~~

Sie

~~Sie~~ | durch das Dickicht. | schleichen

Sie

laut. | fauchen | Sie

•• 1. Purzelsätze ordnen, Satzteile abstreichen und mit zwei Farben nachspuren und schreiben

1.

2.

Ä ä

Ä ä

3.

Äpfel

Äpfel

Ärmel

Ärmel

Bär

Bär

Käfer

Käfer

Säge

Säge

Mädchen

Mädchen

- 1. Im Klassengespräch die Schreibweise mit den Einspurbuchstaben einführen und mit Ankerbild vertiefen; Die Buchstaben nachspuren
- 2. Die Buchstaben nachspuren und die Reihe fortsetzen
- 3. Die Reihen fortsetzen und mit zwei Farben schreiben

1.  Simsalabim, aus 1 werden 2.

 Gans a  ä Gänse 

 Ball a  ä Bälle 

 Mann a  ä ______ 

 Blatt a  ä ______ 

 Apfel A  Ä ______ 

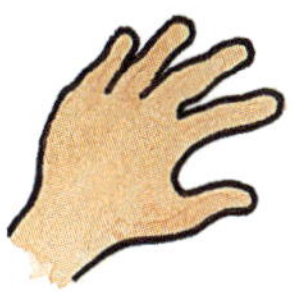 Hand a  ä ______ 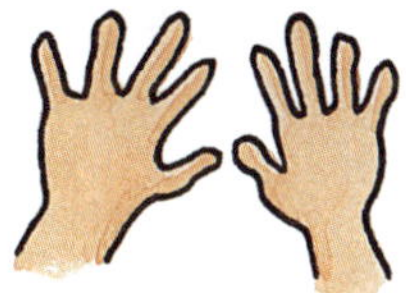

2. 

• 1. Nomen mit zwei Farben nachspuren, Mehrzahl bilden und schreiben
•• 2. Sich mit einem Partner über die ä-Schreibung unterhalten

1. Simsalabim, aus groß wird klein.

 Hase a → ä Häschen 

 Lamm a → ä ______ 

 Kalb a → ä ______ 

 Schaf a → ä ______ 

2. Was macht Tom?

waschen a → ä Tom wäscht.

schlafen a → ä Tom ______.

tragen a → ä Tom ______.

•• 1. Nomen mit zwei Farben nachspuren, Verkleinerungsform bilden und schreiben
•• 2. Verben auswählen, abstreichen, Verben und Sätze mit zwei Farben nachspuren und schreiben

1.

2.

St

St

st

st

3.

Storch

Storch

Stern

Stern

Stein

Stein

Stunde

Stunde

stehen

stehen

- 1. Im Klassengespräch die Schreibweise mit der Fingerspur einführen und mit Ankerbild vertiefen; Die Buchstaben nachspuren
- 2. Die Buchstaben nachspuren und die Reihe fortsetzen
- 3. Die Reihen fortsetzen und mit zwei Farben schreiben

zu S. 58, 59

1.

2.

St

St

st

st

3.

Specht

Specht

Sport

Sport

spielen

spielen

sprechen

sprechen

sparen

sparen

- 1. Im Klassengespräch die Schreibweise mit den Einspurbuchstaben einführen und mit Ankerbild vertiefen; Die Buchstaben nachspuren
- 2. Die Buchstaben nachspuren und die Reihe fortsetzen
- 3. Die Reihen fortsetzen und mit zwei Farben schreiben

1.

Z Z Z Z z z z z

2.

Z Z Z Z Z Z Z Z Z Z Z Z Z Z

z z z z z z z z z z z z z z z z z

3.

zwei

zwei

zehn

zehn

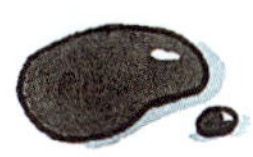

schwarz

schwarz

Pilze

Pilze

- 1. Im Klassengespräch die Schreibweise mit den Einspurbuchstaben einführen und mit Ankerbild und Lautgebärde vertiefen; Die Buchstaben nachspuren
- 2. Die Buchstaben nachspuren
- 3. Die Reihen fortsetzen und mit zwei Farben schreiben

1.

Zoo

Zoo

Zebra

Zebra

Zahlen

Zahlen

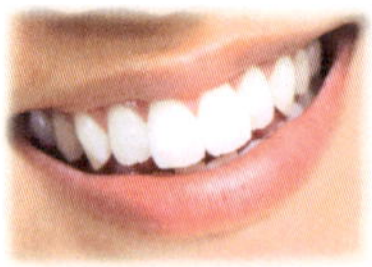

Zähne

Zähne

Zaun

Zaun

Zirkus

Zirkus

Pflanzen

Pflanzen

Kauz

Kauz

• 1. Nomen: Silben abstreichen, mit zwei Farben nachspuren und schreiben, die Reihen fortsetzen

1.

gehen | in den Zoo. | ~~Mia und Mio~~

Mia und Mio

eine Ziege. | streichelt | ~~Mio~~

Mio

hält | ~~Mia~~ | ein Häschen.

Mia

beobachten | Sie | die Zebras.

•• 1. Purzelsätze ordnen, Satzteile abstreichen und mit zwei Farben nachspuren und schreiben

1.

2.

tz

tz

3.

Moritz

Moritz

Katze

Katze

Spritze

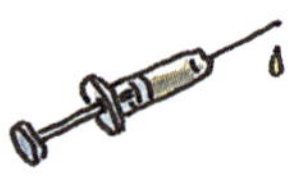

Spritze

schnitzen

schnitzen

sitzen

sitzen

putzen

putzen

- 1. Im Klassengespräch die Schreibweise des Doppelkonsonanten (alias zz) mit den Einspurbuchstaben einführen; Die Buchstaben nachspuren
- 2. Die Buchstaben nachspuren und die Reihe fortsetzen
- 3. Nomen und Verben: die Reihen fortsetzen und mit zwei Farben nachspuren und schreiben

1.

Kat | ze | Katze

Tat

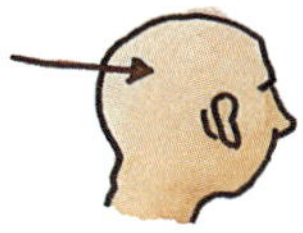

Glat

sit | zen

rit

sprit

wet | zen

het

pet

•• 1. Nomen und Verben verbinden und mit zwei Farben nachspuren und schreiben
••• Zu einigen Wörtern Sätze mithilfe der Schreibtabelle ins Heft schreiben

zu S. 62, 63

1.

2.

ai

3.

Hai

Mai

Mais

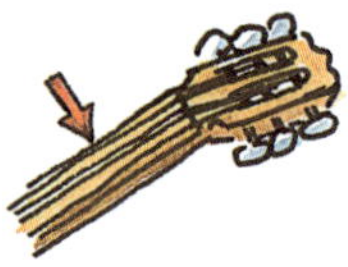
Saite

Kaiser

Laich

- 1. Im Klassengespräch die Schreibweise mit den Einspurbuchstaben einführen; Die Buchstaben nachspuren
- 2. Die Buchstaben nachspuren und die Reihe fortsetzen
- 3. Nomen: die Reihen fortsetzen, mit zwei Farben nachspuren und schreiben

1.

2.

nk

nk

3.

Anker

Anker

Bank

Bank

krank

krank

4.

trin

den

dan

ken

trinken

- 1. Im Klassengespräch die Schreibweise mit den Einspurbuchstaben einführen; Die Buchstaben nachspuren
- 2. Die Buchstaben nachspuren und die Reihe fortsetzen
- 3. Die Reihen fortsetzen, nachspuren und mit zwei Farben schreiben
- 4. Verben verbinden und mit zwei Farben schreiben ••• Sätze mithilfe der Schreibtabelle ins Heft schreiben

1.

2.

ng

ng

3.

Schlange

Schlange

Finger

Finger

4.

sin

brin

sprin

gen

singen

5.

- 1. Im Klassengespräch die Schreibweise mit den Einspurbuchstaben einführen und mit dem Ankerbild vertiefen; Die Buchstaben nachspuren
- 2. Die Buchstaben nachspuren und die Reihe fortsetzen
- 3. Die Reihen fortsetzen, mit zwei Farben nachspuren und schreiben
- 4. Verben verbinden und mit zwei Farben schreiben ••• Sätze mithilfe der Schreibtabelle ins Heft schreiben
- •• 5. Sich mit einem Partner über die Schreibung von nk und ng unterhalten

1.

2.

Ü

Ü

ü

ü

3.

Kühe

Kühe

Würfel

Würfel

Schlüssel

Schlüssel

Tür

Tür

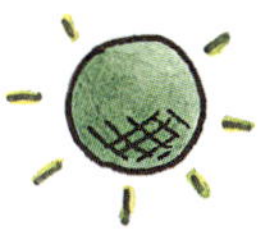

grün

grün

fünf

fünf

- 1. Im Klassengespräch die Schreibweise mit den Einspurbuchstaben einführen und mit dem Ankerbild vertiefen; Die Buchstaben nachspuren
- 2. Die Buchstaben nachspuren und die Reihe fortsetzen
- 3. Die Reihen fortsetzen, mit zwei Farben nachspuren und schreiben

1. Simsalabim, aus groß wird klein.

 Hund u ü Hündchen 

 Hut u ü 

 Turm u ü 

 Blume u ü 

2. Simsalabim, aus 1 werden 2.

 Kuh u ü Kühe 

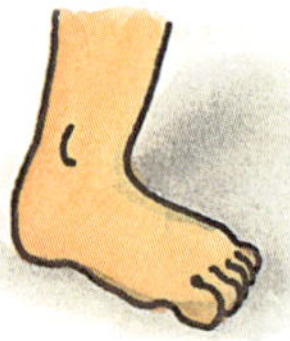 Fuß u ü 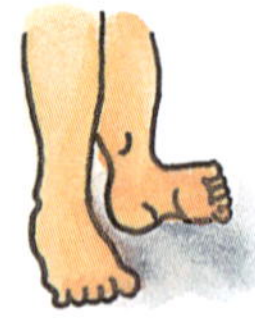

 Tuch u ü 

 Buch u ü 

•• 1. Nomen mit zwei Farben nachspuren, Verkleinerungsform bilden und schreiben
•• 2. Nomen mit zwei Farben nachspuren, Plural bilden und schreiben

zu S. 66, 67

1.

J J J J J j j j j j j

2.

J J J J J J J J J J J J J J J J J

j j j j j j j j j j j j j j j j j j j j j j j j j

3.

Jaguar

Jaguar

Jacke

Jacke

Juni

Juni

Juli

Juli

- 1. Im Klassengespräch die Schreibweise mit den Einspurbuchstaben einführen und mit Ankerbild und Lautgebärde vertiefen; Die Buchstaben nachspuren
- 2. Die Buchstaben nachspuren
- 3. Die Reihen fortsetzen und mit zwei Farben schreiben

J j 

zu S. 66, 67

1.

 jubeln

2.

Zuschauer | im Stadion. | jubeln

Zuschauer

Affen. | jagen | Jaguare

Jaguare

kämpfen | beim Judo. | Kinder

• 1. Verben: Silben abstreichen und mit zwei Farben nachspuren und schreiben ••• Sätze mithilfe der Schreibtabelle ins Heft schreiben
•• 2. Purzelsätze ordnen, Satzteile abstreichen und mit zwei Farben nachspuren und schreiben

1.

2.

Eu eu

Eu eu

3.

Eule

Eule

Heu

Heu

Euro

Euro

Freunde

Freunde

Scheune

Scheune

neun

neun

heute

heute

- 1. Im Klassengespräch die Schreibweise mit den Einspurbuchstaben einführen und mit Ankerbild und Lautgebärde vertiefen; Die Buchstaben nachspuren
- 2. Die Buchstaben nachspuren und schreiben
- 3. Die Reihen fortsetzen und mit zwei Farben schreiben

1. Aus 2 mach 1.

Feuer

Salamander 

Leiter 

Löscher 

Alarm 

Feuersalamander

2.

 heulen

•• 1. Zusammengesetzte Wörter mit zwei Farben nachspuren und schreiben
• 2. Verben: Silben abstreichen und mit zwei Farben nachspuren und schreiben ••• Sätze mithilfe der Schreibtabelle ins Heft schreiben

Eu eu 

zu S. 68, 69

1.

Kinder freuen sich	in der Nacht.
Eulen heulen	Blumen.
Sterne leuchten	am Himmel.
Mädchen streuen	über Geschenke.

2.

Kinder freuen sich über Geschenke.

•• 1. Teilsätze wie im Beispiel entsprechend des Bildes zu Sätzen verbinden
•• 2. Sätze aus Aufgabe 1 mit zwei Farben schreiben, Beispiel mit zwei Farben nachspuren

1.

V V V V v v v v v

2.

V V V V V V V V V V V V V V V

v v v v v v v v v v v v v v v v v v v

3.

vor

vor

voll

voll

Vater

Vater

Vogel

Vogel

Vase

Vase

- 1. Im Klassengespräch die Schreibweise mit den Einspurbuchstaben einführen und mit Ankerbild und Lautgebärde vertiefen; Die Buchstaben nachspuren
- 2. Die Buchstaben nachspuren
- 3. Die Reihen fortsetzen und mit zwei Farben schreiben

zu S. 70, 71

1.

ver – stecken, sprechen, rechnen, laufen

verstecken

2.

vor – singen, machen, lesen, turnen

vorsingen

3.

viele oder vier

1. Aus 2 mach 1.

Vogel – Nest → Vogelnest

Vogel – Ei

Vogel – Kind

Vogel – Vater

2.

•• 1. Zusammengesetzte Wörter mit zwei Farben schreiben und die Reihen fortsetzen
•• 2. Zusammengesetzte Wörter aus Aufgabe 1 richtig zuordnen und mit zwei Farben schreiben

1.

2.

Äu äu

Äu äu

3.

 eine Maus – viele 

eine Maus – viele Mäuse

 ein Baum – viele 

 ein Haus – viele 

 ein Zaun – viele 

- 1. Im Klassengespräch die Schreibweise mit den Einspurbuchstaben einführen; Die Buchstaben nachspuren
- 2. Die Buchstaben nachspuren und schreiben
- 3. Mehrzahl finden, mit zwei Farben schreiben, Beispiel mit zwei Farben nachspuren

1.

Simsalabim, aus groß wird klein.

 Maus au  äu Mäuschen 

 Zaun au  äu ______ 

 Baum au  äu ______ 

 Haus au  äu ______ 

2.

rauben – R__ber

kaufen – K__fer

laufen – L__fer

Schaum – sch__men

•• 1. Nomen mit zwei Farben nachspuren, Verkleinerungsform bilden und mit zwei Farben schreiben
•• 2. Mit zwei Farben nach Vorlage schreiben und äu ergänzen ••• Sätze mithilfe der Schreibtabelle ins Heft schreiben

1.

Ines

Rieke

Tilo

Eva

träumt

vom Vogelnest.

von Indien.

vom Riesenland.

von Honig.

2.

Ines träumt von Indien.

•• 1. Satzteile wie im Beispiel entsprechend des Bildes zu Sätzen verbinden;
Die Personen sind auf folgenden Fibelseiten (1405-30) zu finden: Ines S. 54, Rieke S. 48, Tilo S. 24, Eva S. 70
•• 2. Sätze aus Aufgabe 1 mit zwei Farben schreiben, Beispiel mit zwei Farben nachspuren

Qu qu 

zu S. 74, 75

1.

Qu Qu Qu qu qu

2.

Qu Qu Qu Qu Qu Qu Qu Qu

qu qu qu qu qu qu qu qu qu qu

3.

Qualle

Qualle

Qualm

Qualm

Quadrat

Quadrat

Quartett

Quartett

- 1. Im Klassengespräch die Schreibweise mit den Einspurbuchstaben einführen und mit Ankerbild und Lautgebärde vertiefen; Die Buchstaben nachspuren
- 2. Die Buchstaben nachspuren
- 3. Die Reihen fortsetzen und mit zwei Farben schreiben

1.

Unsinn nennt man auch Quatsch.

Im Meer schwebt die ____.

Die Kinder spielen ____.

Dieses Viereck heißt ____.

2.

quieken

____

____

____

____

____

•• 1. Silben abstreichen, fehlende Wörter mit zwei Farben schreiben
• 2. Verben: Silben abstreichen und mit zwei Farben nachspuren und schreiben ••• Sätze mithilfe der Schreibtabelle ins Heft schreiben

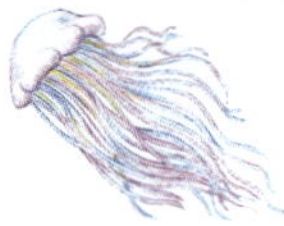

zu S. 74, 75

1.

die Frösche. ~~Am Abend~~ quaken

Am Abend

legen viele Froscheier. Sie

schlüpfen Daraus Kaulquappen.

Frösche. Kaulquappen werden

•• 1. Purzelsätze ordnen, Satzteile abstreichen und mit zwei Farben nachspuren und schreiben

Qu qu  zu S. 74, 75

1.

Quallen Meer. im schwimmen

Quallen

Kinder machen Quatsch.

Schweine im quieken Stall.

Kinder Quartett. spielen

•• 1. Purzelsätze ordnen, Satzteile abstreichen und mit zwei Farben nachspuren und schreiben

1.

Y Y Y Y Y y y y y y

2.

Y Y Y Y Y Y Y Y Y Y Y Y Y Y Y

y y y y y y y y y y y y y y y y y

3.

Yak

Yak

Pony

Pony

Teddy

Teddy

Pyramide

Pyramide

- 1. Im Klassengespräch die Schreibweise mit den Einspurbuchstaben einführen und mit Ankerbild und Lautgebärde vertiefen; Die Buchstaben nachspuren
- 2. Die Buchstaben nachspuren
- 3. Die Reihen fortsetzen und mit zwei Farben schreiben

Y y 

zu S. 76, 77

1.

W	H	O	B	B	Y	N
H	A	N	D	Y	S	O
K	I	Y	A	K	G	E
S	P	O	N	Y	A	N
O	L	Y	M	P	I	A
R	E	G	Y	R	O	S

2.

 Hobby

 ____________

 ____________

 ____________

 ____________

 ____________

3. 

•• 1. Nomen einkreisen
• 2. Mit zwei Farben passende Nomen aus Aufgabe 1 zu den Bildern nachspuren und schreiben
•• 3. Sich mit einem Partner über die unterschiedliche Lautung von Y y unterhalten

C c

zu S. 78, 79

1. –

C C C C C c c c c

2.

C C C C C C C C C C C C C C

c c c c c c c c c c c c c c c c c c

3.

Clown

Clown

Creme

Creme

Computer

Computer

Cent

Cent

- 1. Im Klassengespräch die Schreibweise mit den Einspurbuchstaben einführen und mit Ankerbild und Lautgebärde vertiefen; Die Buchstaben nachspuren
- 2. Die Buchstaben nachspuren
- 3. Die Reihen fortsetzen, Nomen mit zwei Farben schreiben

1.

Der Cowboy

Piccolo spielt

Sax

Co

•• 1. Wörter abstreichen, Sätze ergänzen, mit zwei Farben nachspuren und schreiben

1.

X X X X X x x x x x

2.

X X X X X X X X X X X X X X X

x x x x x x x x x x x x x x x x x x

3.

Boxer

Boxer

Hexe

Hexe

Nixe

Nixe

Saxofon

Saxofon

- 1. Im Klassengespräch die Schreibweise mit den Einspurbuchstaben einführen und mit Ankerbild und Lautgebärde vertiefen; Die Buchstaben nachspuren
- 2. Die Buchstaben nachspuren
- 3. Die Reihen fortsetzen und mit zwei Farben schreiben

X x 

1.

Trixi liest

Trixi

Trixi

Trixi

•• 1. Wörter abstreichen, Sätze ergänzen, mit zwei Farben nachspuren und schreiben

1.

Eidechse

Eidechse

wachsen

wachsen

sechs

sechs

2. –

F

uchs

L

L

D

achs

W

• 1. Die Reihen fortsetzen und mit zwei Farben schreiben
•• 2. Nomen verbinden und mit zwei Farben schreiben ••• Sätze mithilfe der Schreibtabelle ins Heft schreiben

Herbst

1. Was hast du im Herbst erlebt?

••• 1. Ich: Ersten Entwurf der Herbstgeschichte auf ein extra Blatt schreiben
Du: Mit Partner kontrollieren und endgültige Fassung ins Heft übertragen, Bild dazu malen und Überschrift schreiben
Wir: In der Klasse die Geschichten präsentieren, vergleichen und bewerten

Winter

1. Was hast du im Winter erlebt?

••• 1. Ich: Ersten Entwurf der Wintergeschichte auf ein extra Blatt schreiben
Du: Mit Partner kontrollieren und endgültige Fassung ins Heft übertragen, Bild dazu malen und Überschrift schreiben
Wir: In der Klasse die Geschichten präsentieren, vergleichen und bewerten

1. Was hast du im Frühling erlebt?

••• 1. Ich: Ersten Entwurf der Frühlingsgeschichte auf ein extra Blatt schreiben
Du: Mit Partner kontrollieren und endgültige Fassung ins Heft übertragen, Bild dazu malen und Überschrift schreiben
Wir: In der Klasse die Geschichten präsentieren, vergleichen und bewerten

1. Wohin möchtest du reisen?

••• 1. Ich: Ersten Entwurf der Sommergeschichte auf ein extra Blatt schreiben
Du: Mit Partner kontrollieren und endgültige Fassung ins Heft übertragen, Bild dazu malen und Überschrift schreiben
Wir: In der Klasse die Geschichten präsentieren, vergleichen und bewerten